W0288401

125 REFRANES infantiles

susaeta ediciones s.a.

Textos: J. Ignacio Herrera
Ilustraciones: Mª Luisa Torcida

© 1999 SUSAETA EDICIONES, S.A.
C/ Campezo, s/n - 28022 Madrid (España)
Telf.: 913 009 100 - Fax.: 913 009 118
Impreso en la UE

125 REFRANES infantiles

susaeta

Presentación

*Para nuestro **Refranero Infantil*** hemos seleccionado 125 refranes de los más conocidos, sencillos y graciosos de la lengua castellana.

Estos «dichos agudos y sentenciosos de uso común» (como los define el Diccionario de la Real Academia) condensan gran parte de la sabiduría popular, y sería una lástima que se perdieran y no llegaran al público infantil, tan bombardeado e indefenso en estos tiempos dominados por la llamada Cultura de la Imagen.

Por eso, y porque la Reforma Educativa abre, por fin, sus puertas a estas insustituibles manifestaciones de la tradición oral, hemos preparado un ***Refranero Infantil*** en el que se explica, ejemplifica e ilustra cada refrán, haciéndolo asi comprensible y útil al joven lector, según un orden temático coherente.

Si don Quijote y Sancho levantaran la cabeza, aplaudirían esta iniciativa en defensa del idioma castellano. Porque, como ellos siempre defendieron,

saber refranes poco cuesta y mucho vale.

Los editores

DE ANIMALES

PERRO LADRADOR, POCO MORDEDOR

Leo es el chico más gordo del colegio. Es un tipo muy pacífico.

—Pues yo soy capaz de levantarte en vilo —presume Bernardo, que es un fantasma, aunque abulta menos de medio Leo.

Como no le cree ni Blas, y eso que Blas es más inocente que un cubo, Bernardo pasa a la acción. Forcejea con rabia. Pero no consigue levantar a Leo ni medio centímetro.

Con frecuencia, los que mucho presumen poco consiguen. Es decir, perro ladrador, poco mordedor.

MUERTO EL PERRO, SE ACABÓ LA RABIA

Esto quiere decir que los problemas hay que solucionarlos de raíz. Porque si no, siguen dando guerra.

Los López tienen una televisión que funciona cuando quiere. Les tocó en un sorteo hace treinta años. Cada día está más achacosa. —He comprado una tele nueva. No vuelvo a quedarme sin saber cómo termina la película por culpa de ese cacharro prehistórico —informó el señor López a su mujer y a sus hijos.

Y todos respiraron aliviados. Muerto el perro...

MÁS VALE PÁJARO EN MANO QUE CIENTO VOLANDO

Significa que trae más cuenta quedarse con lo que se tiene, por modesto que sea, antes que arriesgarlo con la esperanza de lograr algo mejor pero más incierto.

Mónica dejó de lado a su amiga Encarna, que era muy sosa pero noble, para intentar ganarse la simpatía de Asun, la chica más brillante y orgullosa del colegio.

Al fracasar en su empeño, descubrió que se había quedado sin amigas.

A CABALLO REGALADO NO LE MIRES EL DIENTE

Mari rechazó un jersey que le había regalado su tía Consuelo porque tenía una pequeña mancha. Mari siempre había sido un poco tiquismiquis.

—Trae, yo me lo quedo —decidió su hermana Teresa.

Y Mari se lo dio con cara de asco y desdén.

Teresa estaba la mar de guapa con aquel jersey, y nadie se fijó en la mancha. Mari se arrepintió... demasiado tarde.

Es mejor aceptar los regalos, aunque no sean perfectos.

DONDE MENOS SE PIENSA SALTA LA LIEBRE

O, por decirlo de otro modo: de repente puede suceder algo completamente inesperado.

José Luis pasaba una tarde aburridísima en la orilla del río, con su madrina, que era muy aficionada a la pesca. José Luis estaba seguro de que se iba a morir de asco de un momento a otro.

De pronto, llegó una pandilla de chicos y chicas de su edad. Era gente muy divertida. Estuvieron hablando y jugando el resto de la tarde y se hicieron muy amigos. Incluso quedaron para otro día.

COMO EL BURRO, TOCASTE LA FLAUTA POR CASUALIDAD

A veces, hasta los más torpes pueden conseguir éxitos difíciles. Pero suele ser por casualidad.

Carlos es un manazas. Pero un día, jugando a la rana, consiguió meter el tejo por la boca del batracio. Un tiro de suerte.

—¡Gané! —exclamó, eufórico—. ¡Soy el mejor!

—Ya veremos quién gana mañana— le contestaron.

Y, efectivamente, ni al día siguiente ni nunca volvió a sonar la flauta para Carlos. Ya nunca volvió a hacer una rana.

SI HAY TRATO, PUEDEN SER AMIGOS EL PERRO Y EL GATO

A menudo, hay gente que se lleva mal por no comunicarse lo suficiente. Si se conociera más, todo sería muy distinto.

Emilia y Gema no se aguantaban. Pero una vez tuvieron que quedarse solas durante varias horas en un refugio de montaña. Para vencer el aburrimiento, comenzaron a charlar. Y prácticamente se contaron su vida. Las dos se dieron cuenta de que «la otra» era en realidad una excelente persona.

Se habían hecho muy amigas sin darse cuenta.

CUANTO MÁS ESCARBA LA GALLINA, MÁS TIERRA ECHA ENCIMA

Dar demasiadas vueltas a un asunto, lejos de aclararlo, sólo sirve para complicarlo más.

Joaquín tiene previsto marcharse al pueblo en vacaciones. Pero no está muy seguro de querer hacerlo y empieza a obsesionarse con el tema. ¿Va? ¿No va?

Cada vez está más confuso e indeciso. Incluso pierde el sueño y trabaja peor. ¿Va? ¿No va?

Se pasó las vacaciones preguntándoselo.

SI ERES OVEJA TE COMEN LOS LOBOS

Javier era un niño que estaba siempre dispuesto a hacer favores. Lo que suele llamarse un tipo servicial. Demasiado. Y todo el mundo se aprovechaba de él.

—Anda, Javier, baja a la calle y cómprame un chicle.

Haciendo de recadero, apenas le quedaba tiempo para estudiar. Y así, le cayeron cuantro cates como cuatro soles.

Javier tendría que haberse plantado. Porque también hay que saber decir «no» en muchos momentos.

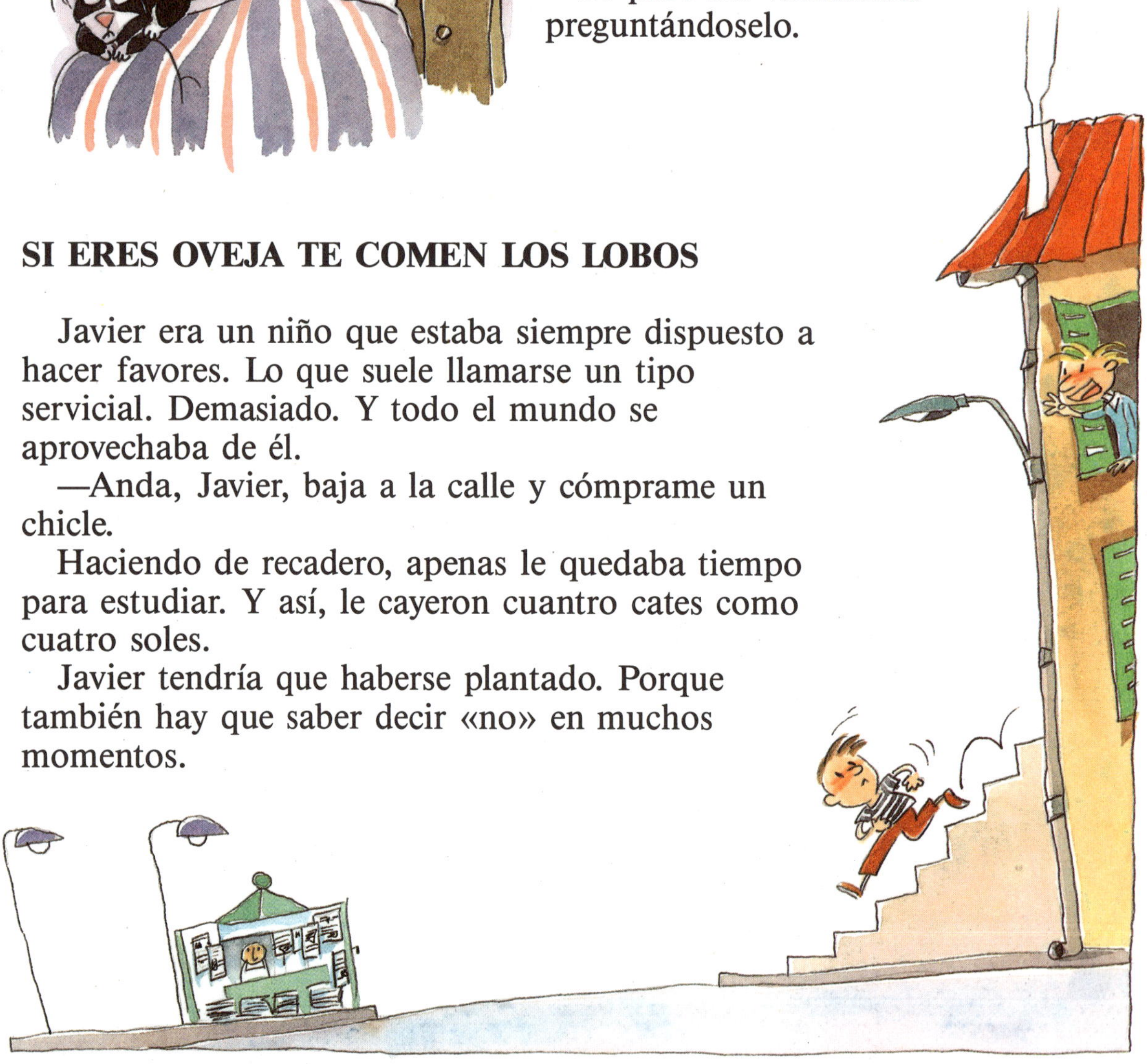

COMO EL PERRO DEL HORTELANO, NI COME NI DEJA COMER AL AMO

A Nacho ya no le atrae su Mecano y lo tiene arrinconado. Cierto día, su hermano Juan se pone a jugar con él. Juan se lo pasa de miedo con cualquier cosa. En cambio, Nacho... Nacho se enfada.

—¿Qué haces con mi Mecano?

—Divertirme un rato. Como tú no lo usas...

Pero Nacho no lo consiente.

Como el perro del hortelano, ni utiliza sus cosas ni permite que otros las usen.

ANDE O NO ANDE, BURRO GRANDE

Esto va para presumidos como don Diego. Porque se compró un cochazo rojo espectacular..., pero con un motor de cuarta mano que no lo querían ni en el museo de carruajes.

—¡Vamos, arranca de una vez! —gritaba a su coche.

Pero el cacharro no se ponía en marcha ni aunque su dueño se lo pidiera de rodillas, que llegó a hacerlo.

Don Diego aprendió la lección: es mejor comprar algo que funcione, aunque su aspecto sea modesto.

EL OJO DEL AMO ENGORDA AL CABALLO

Es decir, cuando uno cuida de sus bienes, estos lucen más.

Silverio hace continuas mejoras en su casa. Le dedica tiempo y cariño, más que dinero. Tan bonita y presentable la tiene ya, que empieza a despertar la envidia de sus vecinos. Sobre todo de Romualdo, porque su casa es más cara, pero mucho menos acogedora. Da pena verla. Y es que Romualdo no dedica un minuto a cuidarla ni por equivocación.

El ojo del amo...

CUANDO EL GATO ESTÁ AUSENTE LOS RATONES SE DIVIERTEN

Al Gato Renato lo han llevado al veterinario. Estaba empachado de tanto comer sardinas al ajillo. Enterados de su ausencia, los ratones de la casa aprovechan la ocasión. Saquean la nevera y roen la alfombra y las cortinas.

—¡Dios mío! —grita la dueña, al descubrir el desastre.

Moraleja: Si el orden se mantiene solamente basado en la vigilancia, desaparecida ésta, inmediatamente viene la anarquía.

CACAREAR Y NO PONER HUEVO NO ES NADA BUENO

Patricia está contenta porque Antón ha prometido darle un paseo en su bici.

A la hora indicada, ella le recuerda su compromiso.

—Me prometiste, querido Antón...

—Huy, no puedo llevarte —dice él—. He quedado con Teresita.

—¡Eres un caradura! —protesta Patricia un poco celosa.

Realmente, es un caradura. Cuando se promete algo, hay que cumplirlo.

A OTRO PERRO CON ESE HUESO

Es una frase hecha que significa: «Tú a mí no me engañas».

Sara va por la calle. De pronto, se acerca a ella un vendedor ambulante y le enseña un reloj de muñeca que muy bien pudo llevar Eva, si en el paraíso terrenal hiciera falta mirar la hora.

—Es japonés, de marca. Muy bueno y baratísimo —asegura él, quizá con un optimismo excesivo.

—A otro perro con ese hueso —contesta Sara, y se larga.

No sabía el vendedor que Sara es hija de relojero.

EL BORRIQUITO DELANTE PARA QUE NO SE ESPANTE

Contaba Narciso a sus amigos:

—Iba yo con Merche por la calle cuando oímos que nos llamaban a mí y a Merche. Era su tía Genoveva, que nos invitaba a mí y a Merche a merendar. Yo y Merche nos llevamos muy bien con su tía, no es sólo por el jamón, de verdad, yo y Merche...

—El burrito delante para que no se espante —le interrumpió uno de sus amigos—. Yo y Merche, yo y Merche,...¡Será Merche y tú!

—Yo... —Narciso se puso como un tomate.

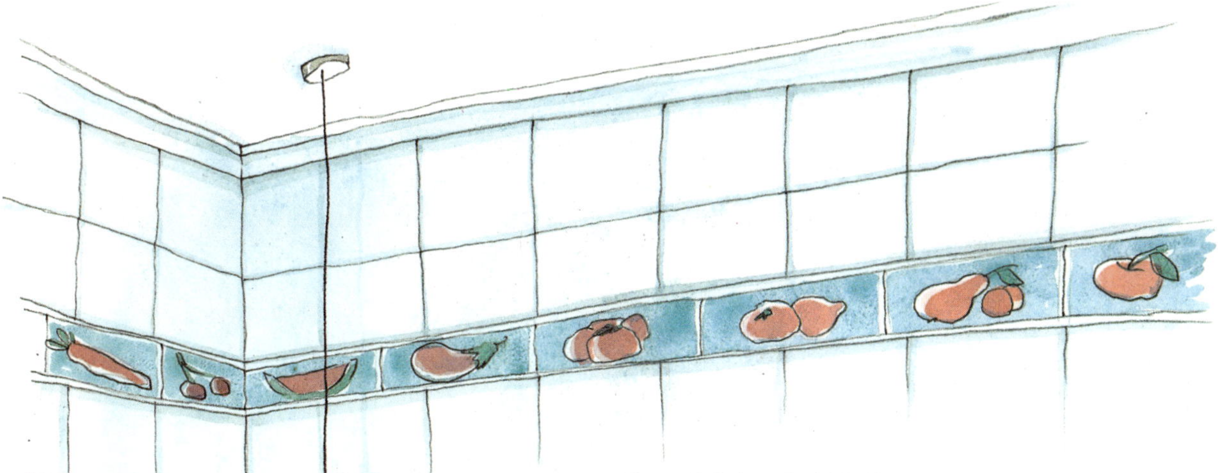

GATO ESCALDADO DEL AGUA FRÍA HUYE

Micifú, un gato travieso y un poco estúpido, empezó a juguctcar con una cacerola puesta al fuego, y se le cayó encima parte del agua hirviendo, de modo que...

—¡¡¡MIAAAUUUUUUU!!!

Micifú ya no se acerca al agua ni aunque le prometan una ración doble de arenques y barra libre de leche durante un año.

Si haces alguna jugarrcta y sufres un buen escarmiento, te lo pensarás dos veces antes de repetirla.

OVEJA QUE BALA PIERDE BOCADO

A Luisa hay dos cosas que le apasionan: comer pasteles y hablar por los codos.

El otro día asistió al cumpleaños de Mabel, y, además de un montón de invitados, había allí un montón de pasteles. Pues bien, Luisa no probó ni medio. No le dio tiempo. Estuvo tan ocupada hablando y hablando, que el resto de la gente se zampó sin piedad hasta el último pastel.

Por lo menos, Luisa no engordó ni un gramo.

DE PERSONAS

CADA LOCO CON SU TEMA

Todos tenemos nuestros gustos, nuestras manías, nuestros intereses, que son de lo más variopintos.

Maripepa es una gran aficionada a las mariposas, Luisa a las peonzas, Felipe a los bonsáis, Santiago al fútbol, Antonio a la fotografía, Kety al heavy metal...

Estupendo. Qué aburrido sería si todos pensáramos igual y tuviéramos los mismos gustos.

QUIEN BIEN TE QUIERE, TE HARA LLORAR

La gente que de verdad nos quiere se atreve a advertirnos nuestros errores y a corregirnos, aunque sea desagradable.

Berta se pasaba todo el día haciendo trastadas. Y, al sufrir algún castigo, musitaba con aire de tragedia griega:

—¡Tú no me quieres, mamá!

Y entonces mamá le daba un beso a su hija y le decía:

— Nadie te quiere tanto como tu madre. Pero quien bien te quiere, te hará llorar.

ANDE YO CALIENTE Y RÍASE LA GENTE

Dice esto quien satisface su propio gusto o comodidad contra el parecer de los demás, sin importarle hacer el ridículo.

La señorita Telma era un poco extravagante en su forma de vestir. Aquel invierno se empeñó en lucir un abrigo rojo de lo más chillón, con lunares amarillos fosforescentes y sonoras campanillas en los bajos, de forma que anunciaba su paso como si fuera una procesión y se atraía las burlas de sus vecinos.

Pero ella seguía tan campante. Y además no pasaba frío.

A PALABRAS NECIAS, OÍDOS SORDOS

No hay que hacer caso al que dice bobadas o cosas sin fundamento.

La Rana Charlatana siempre tiene ganas de rollo. Por eso, cuando a orillas de la charca se encuentra con el sufrido Sapo Carapapo, le suelta unas historias aburridísmas e interminables que harían perder la paciencia hasta a las piedras.

Pero Carapapo no se desespera; simplemente, se duerme.

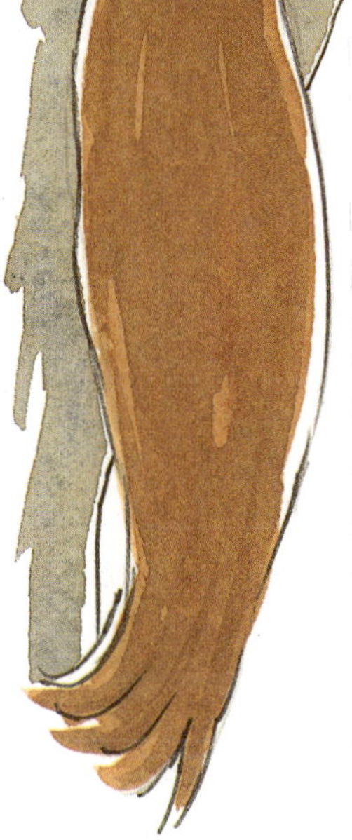

DIME DE LO QUE PRESUMES Y TE DIRÉ DE LO QUE CARECES

Si aireamos demasiado nuestras virtudes, puede ser que en realidad no sean tales, sino todo lo contrario.

Eso le ocurría a la Ardilla Pardilla, que se pasaba medio día diciendo que apenas dormía y el otro medio durmiendo.

Y eso le ocurría a la Rata Presumida, que presumía de no presumir nunca.

Y eso le ocurría al Palomo Emociones, que presumía de haberse enamorado doscientas veces. (Es decir, ninguna).

A REY MUERTO, REY PUESTO

Este refrán explica lo pronto que se borran a veces de la memoria o del corazón las personas o acontecimientos.

Teresa y Felisa eran amigas inseparables. Un día, Felisa se fue a vivir a otro país con su familia. Teresa lloró de pena, y aseguró que jamás se haría amiga de nadie, porque luego pasa lo que pasa.

Sin embargo, a los pocos días Teresa conoció a Marisa, y le cayó de miedo. En poco tiempo se hicieron amiguísimas.

—A rey muerto, rey puesto —sentenció contento su padre.

EL QUE CALLA OTORGA

Si nos acusan de algo y nos quedamos callados como muertos sin desmentirlo, en realidad estamos reconociendo que somos los culpables.

—Patricia, ¿has roto tú los platos?

Patricia guarda un silencio muy elocuente, mientras su madre mira el estropicio con gesto desolado.

—Sí, has sido tú —se convence al fin su madre.

Al no negarlo, Patricia le da la razón a su madre.

NADIE ES PROFETA EN SU TIERRA

Sucede muchas veces que los triunfadores, los famosos, no tienen éxito entre sus paisanos. Esto se debe a la envidia y a los celos.

Pepeplasta, gran cantante de ópera, regresó a su pueblo tras una apoteósica gira por los cinco continentes. Pero nadie salió a recibirle. Incluso pudo ver alguna pancarta metiéndose con él: «Pepeplasta canta como un borracho acatarrado». Y también: «Pepeplasta, basta de ganar pasta».

—¡Qué pena! —se dolió el célebre cantante.

APRENDIZ DE TODO Y OFICIAL DE NADA

Se dice de quien no tiene constancia para especializarse en un trabajo y entiende un poco —muy poco— de muchos oficios.

Agapito es un chico inquieto. Le gusta empezar muchas cosas, picar aquí y allá: informática, atletismo, piano, inglés, electricidad, delineación... Pero en seguida se cansa y cambia de actividad. A su padre ya le tiene harto. Y preocupado.

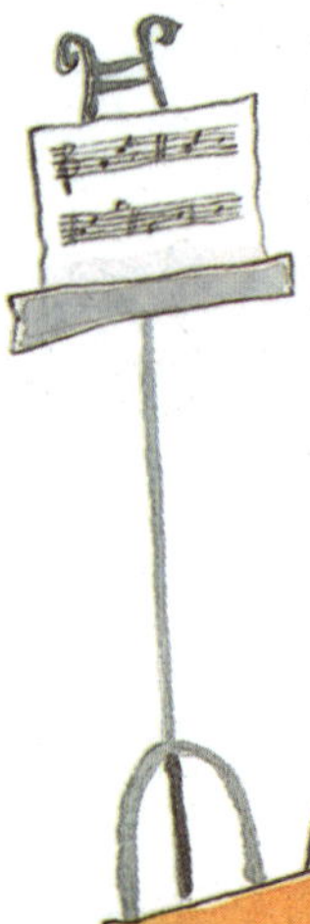

—¿Cuándo vas a terminar primero de Mecánica?

CREE EL LADRÓN QUE TODOS SON DE SU CONDICIÓN

Algunos tienden a proyectar en los demás sus propios defectos.

Celia es bastante embustera. Ya le salen las mentiras hasta sin querer. Un día, perdió una pulsera y estaba convencida de que se la había escondido su hermano, que era un poco chinche.

—Ni sé ni quiero saber nada de tu horrible pulsera —le dijo su hermano.

—¡Eres un mentiroso! —le contestó Celia, irritada.

Cree el ladrón que todos son de su condición...

EL QUE MUCHO HABLA MUCHO YERRA

Al hablar, corremos el riesgo de equivocarnos. Al hablar mucho, de equivocarnos mucho.

Parlanchina sólo deja de hablar para coger aire. No ahorra saliva. Habla hasta en sueños. Suelta lo primero que le viene a la cabeza. Y lo segundo. Todo. Y, claro, dice montones de tonterías. Por cotorra.

—Parlanchina, se piensa todo lo que se dice, pero no se dice todo lo que se piensa —le reprocha su buena amiga Magdalena.

EN EL PAÍS DE LOS CIEGOS EL TUERTO ES REY

Aunque no seamos unos genios, siempre destacaremos por encima de los más mediocres.

Fernando no es una maravilla jugando al tenis. Pero sus rivales en el campeonato de la urbanización no saben ni dónde queda el campo contrario, y están bastante gorditos. Parece que se han confundido de deporte. Lo suyo es el sillón-ball.

Resultado: 6-0 y 6-0. Fernando los barre sin despeinarse. En el país de los ciegos...

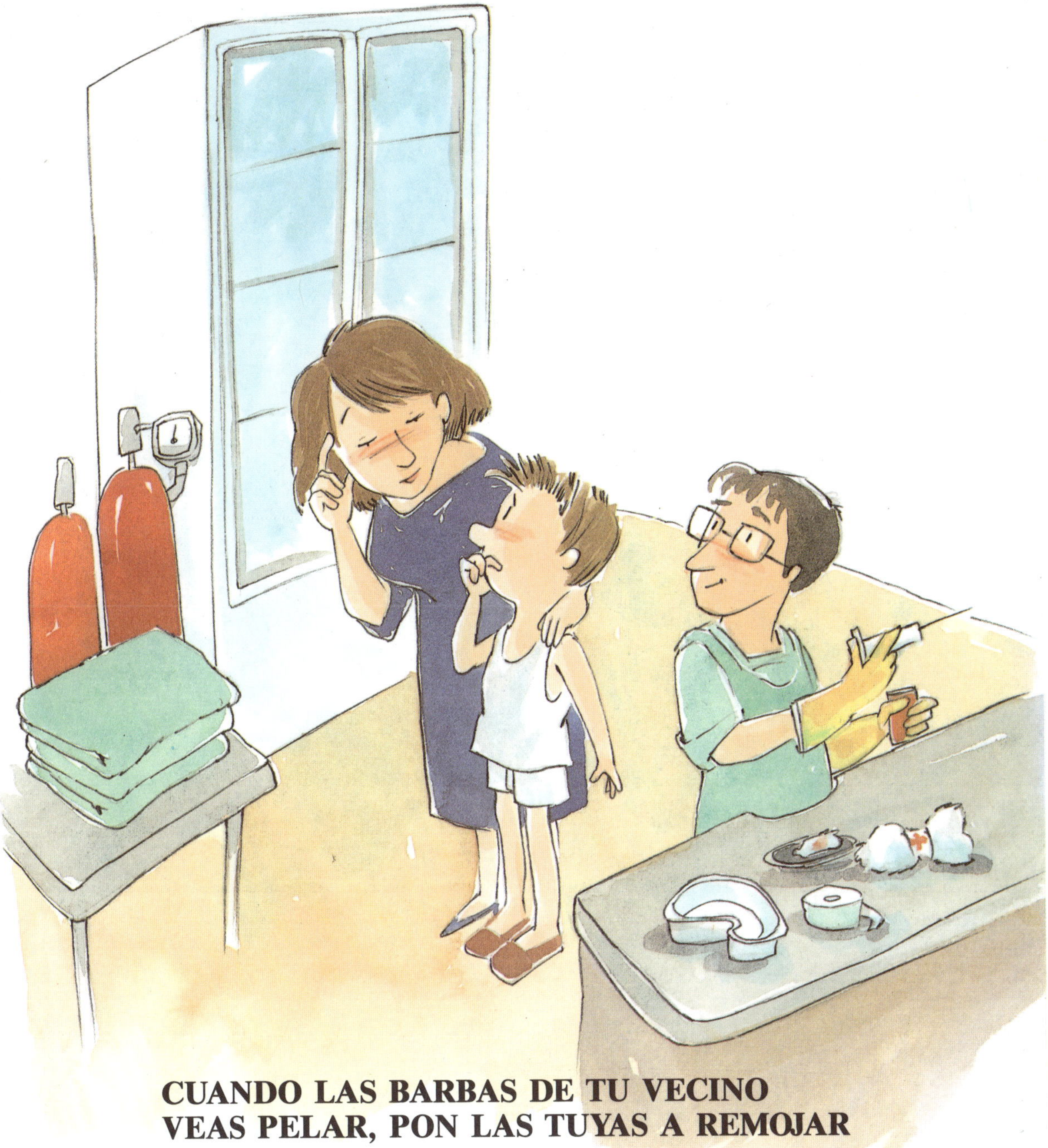

CUANDO LAS BARBAS DE TU VECINO VEAS PELAR, PON LAS TUYAS A REMOJAR

Si observamos las cosas malas que suceden a las personas que están en parecidas circunstancias a las nuestras, podemos prever lo que nos espera.

Sergio no quería vacunarse, tenía pánico a las inyecciones. Para convencerle, su madre le recordó la desgracia de El Tato.

El Tato era un vecino suyo que, tiempo atrás, por no vacunarse, casi se muere. Salvó la vida pero se quedó medio lelo, y así sigue.

Sergio, muy impresionado, se dejó vacunar.

FUE PEOR EL REMEDIO QUE LA ENFERMEDAD

Tito comía como un elefante hambriento. Jamás se saciaba.

—O hacemos algo, o explota y de paso nos arruina —dijo su padre a su madre.

Y cerraron con llave la despensa y pusieron un candado en la nevera. Pero el hambre aguza el ingenio. Y como Tito era amigo del tendero, y éste le fiaba, se compró mil cosas y continuó poniéndose las botas a escondidas. El tendero pasó a fin de mes a sus padres una factura elefantina. Fue peor el remedio que la enfermedad.

DIME CON QUIÉN ANDAS Y TE DIRE QUIÉN ERES

Se conoce a las personas por las compañías que frecuentan.

En el barrio todos piensan que Silvia es una chica un poco enigmática. Y realmente lo es. Celes, la pipera, se lo dijo un día:

—Me imagino cómo eres porque te he visto muchas veces con Sara, la hija de la panadera. A ella la conozco bien. Es tan soñadora y callada como tú; por eso os entendéis bien y sois muy amigas.

La pipera había acertado.

CADA MAESTRILLO TIENE SU LIBRILLO

Quiere decir este refrán que cada cual hace las cosas a su manera y las enseña según su propio estilo.

De todos los profesores que ha tenido Rubén, a ninguno recuerda con tanto cariño y admiración como a don Pero. Don Pero les enseñó a hacer sumas y restas mientras jugaban a las canicas... Y les enseñaba inglés mientras escuchaban discos de sus cantantes favoritos, y en la clase de Historia, a veces, veían películas.

OJOS QUE NO VEN, CORAZÓN QUE NO SIENTE

Las desgracias que suceden lejos de donde estamos, aunque sean muy graves, nos afectan menos que las de nuestro entorno.

Jacobo leía en los periódicos los desastres derivados de la Guerra del Golfo. Aquella tragedia le afectaba, pero le pillaba lejos.

Un día, sin embargo, presenció un espectacular accidente de tráfico en la esquina de su casa. Y le causó tanta impresión que perdió el sueño durante varios días.

AL QUE MADRUGA DIOS LE AYUDA

Madrugar, aunque cuesta, merece la pena. Porque así se aprovecha mucho mejor el tiempo e incluso la suerte nos acompaña. Cuando no madrugamos, parece que todo nos sale mal. Como a Jorge.

A Jorge se le pegan tanto las sábanas que apenas tiene tiempo de lavarse, ni de desayunar; llega tarde al colegio, le ponen falta, se enfada, no atiende en clase; su idolatrada Inés ni le mira, porque Jorge va despeinado y legañoso, y está tan serio... En fin, un desastre. Por muchos motivos, compensa madrugar.

DEL TIEMPO

A MAL TIEMPO, BUENA CARA

A tía Carolina le pasó ayer de todo. El típico día como para quedarse en la cama.

Un caradura le quitó un taxi, discutió en la consulta con un médico que la atendió muy mal, le robaron el monedero, las coliflores de la comida le dejaron el estómago hecho polvo, y para colmo su querido gato se cargó el jarrón chino.

Sin embargo, tía Carolina conservó su sonrisa. Amargarse la vida no sirve de nada. A mal tiempo, buena cara.

NO HAY MAL QUE CIEN AÑOS DURE NI CUERPO QUE LO RESISTA

Ya se sabe que los males se terminan antes o después. Y, desde luego, ninguno dura cien años.

—¡Ay, ay, ay! —se queja Pepe.

Pepe tiene un terrible dolor de muelas. Los dolores de muelas, junto con los cólicos nefríticos y los partos, tienen fama de ser los más fuertes. ¿Os imagináis si esos dolores durasen cien años? Se nos pone la carne de gallina sólo de pensarlo...

Ante los dolores, entereza, paciencia y buen humor.

CUALQUIER TIEMPO PASADO FUE MEJOR

Esto piensa la gente de cierta edad, o los nostálgicos, incapaces de disfrutar con las cosas buenas del presente.

Cuando don Indalecio abre la boca, es sólo para hablar de sus años mozos.

—¡Ah, en mis tiempos sí que estaba bien la mili! ¡Ah, cuando yo era joven, el mundo no estaba tan podrido como ahora!

—Menos cuento —responde su nieto Pascualín, que ya se conoce las batallitas del abuelo.

DEL VIEJO, EL CONSEJO

Pero también es verdad que las personas que han vivido mucho son las que mejor pueden aconsejarnos, por su experiencia.

El joven Gabriel estaba indeciso.

—¿Me caso o no me caso con Sandra, tío José?

El tío José, ya muy anciano, que conocía bien a su sobrino y a la tal Sandra, se lo pensó y le aconsejó:

—Cásate. Sandra es buena chica y te quiere mucho. Eso es lo importante. Seréis felices.

AÑO DE NIEVES, AÑO DE BIENES

Una gran nevada aisló aquella remota aldea del resto del mundo.

Los habitantes de la pequeña población serrana se habían quedado incomunicados y hacía un frío del patín.

—¡Qué rollo de tiempo! —se quejaba Luisa.

Su padre, sin embargo, estaba contentísimo:

—La nieve nos proporciona agua suficiente para regar los cultivos y abrevar el ganado durante todo el año. La cosecha será buena. Hija, la nieve es estupenda para el campo.

MARZO VENTOSO Y ABRIL LLUVIOSO, HACEN A MAYO FLORIDO Y HERMOSO

Así es. El viento de marzo y la lluvia de abril hacen posible el encantador mes de mayo que pinta el refrán.

Hasta la ceñuda Mangosta Cirila sonríe al sentir el aire fresco en la cara. Tiempo después, canta bajo la lluvia como en las películas, y eso que no le entusiasma el agua...

Y es que sabe, como todos los animales, como el hombre, que muy pronto llegará la primavera, la estación más alegre del año, cuajada de flores, de sol y de belleza.

**CUANDO VIENE LA GOLONDRINA,
EL VERANO ESTÁ ENCIMA**

Unos niños se divierten jugando a los piratas.
—¡Al refugio! —grita Miguel—. ¡Viene Barbarroja!
—¡Eh, mirad! —grita Daniel, señalando hacia el cielo. Ya vienen las golondrinas. ¡Llegó el verano!
Daniel dice lo mismo que el refrán. Y ambos exageran un poco, porque aún estamos en marzo... Pero es verdad que la llegada de las golondrinas anuncia el buen tiempo.

EN ABRIL, AGUAS MIL

Esa mañana de abril lucía un sol espléndido, y Ana se fue de excursión al campo.

Su abuela le aconsejó que se llevase un chubasquero. Pero ella no hizo caso porque no se veía ni una nube. Por la tarde cambió de improviso el tiempo y descargó un aguacero que caló a Ana de arriba a bajo.

—Te lo advertí —refunfuñó la abuela cuando la vio llegar chorreando—. ¿No te sabes el refrán?

ESPERANDO, COMO EL AGUA DE MAYO

Las lluvias de mayo son muy oportunas y esperadas, porque caen en el momento justo para que se den buenas cosechas.

Algo así espera Rosa. Es el cumpleaños de su prima y quiere comprarle un regalo. Pero no tiene dinero.

Por fortuna, al ir al colegio, encuentra una moneda.

—¡Guay, es de quinientas pesetas! —exclama, supercontenta.

La monedita le ha venido como agua de mayo.

CIELO EMPEDRADO, VIENTO O SUELO MOJADO

Cuando el cielo se cubre de espesas nubes, suele llover o levantarse el aire.

—Lloverá —afirma la abuela Canora la mar de segura.

—No —dice la abuela Rogelia—, son nubes grises. Habrá un vendaval. ¿Qué te apuestas?

Esta vez acertó la abuela Rogelia. Y su amiga tiene que invitarla a pasteles. La verdad es que las dos abuelas son la mar de golosas y siempre están apostándose algo. Algo dulce.

HASTA EL CUARENTA DE MAYO NO TE QUITES EL SAYO

El lago estaba precioso y los turistas iban muy contentos en la barca de paseo. Como hacía calor y era el mes de mayo, todos llevaban ropa muy de verano.

Pero al ponerse el sol, bajó la temperatura y algunos empezaron a tiritar. Raúl, el barquero, dijo:

—Hasta el cuarenta de mayo, o sea, el nueve de junio, no se puede uno fiar del tiempo. Conviene llevar más ropa porque aún puede refrescar.

AGUA POR SAN JUAN QUITA EL VINO Y NO DA PAN

Es el 24 de Junio, día de San Juan. Mientras los mayores trabajan la tierra, los pequeños juegan.

De pronto, comienza a llover con fuerza.

—¡Malo, malo! —se lamenta un lugareño.

Y tiene razón. El chubasco en esa época del año puede dañar las viñas, que es de donde se saca el vino. Y llega tarde para hacer bien al trigo, que es de donde se saca el pan.

EL TIEMPO TODO LO CURA

Pedro agarra un catarro de campeonato y su abuela le dice:

—A la cama, bonito. Ten paciencia unos días y te curarás.

A Elena le ha hecho una jugarreta su mejor amiga y está que trina. Su padre le aconseja:

—No te lo tomes así. Dentro de una semana ni te acordarás.

El paso del tiempo, es verdad, hace olvidar todo lo malo. Incluso suaviza los grandes reveses de la vida, como la muerte de los seres queridos.

SABE MÁS EL DIABLO POR VIEJO QUE POR DIABLO

Viene a decir que la vida, con sus pequeños fracasos, sorpresas, hallazgos y experiencias, es a menudo la mejor maestra.

El abuelo Blas, por ejemplo, nunca tuvo cabeza ni medios para estudiar. Aun así, con los años, ha aprendido infinidad de cosas y y se gana la vida muy dignamente.

—Con ilusión y tiempo se llega muy lejos —suele repetir a sus nietos.

A LA VEJEZ, VIRUELAS

Se dice a las personas mayores cuando hacen cosas que no son propias de su edad.

Don Agapito, por ejemplo, no se resigna a tener ya tantos años. Afirma que sigue siendo un chaval. Y para demostrarlo, se apunta a la Media Maratón de su barrio.

—¡Estoy en plena forma! —grita, al tomar la salida.

Pero un kilómetro después está hecho papilla y tiene que retirarse, haciendo eses y sin aliento. A la vejez...

DICEN QUE ES MALO LLEGAR A VIEJO, PERO ES PEOR NO LLEGAR A SERLO

La vejez, o tercer edad, tiene indudablemente sus problemas. Pero morirse antes de llegar a ella es mucho peor...

Hay que ver las cosas como don Honorato. Acaba de cumplir ochenta años y a pesar de sus achaques, es feliz.

—Todavía puedo disfrutar de la vida más de lo que parece —dice—. Como de casi todo, paseo, tomo el sol, escucho música y recuerdo muchos momentos maravillosos. Además, me siento querido por mi familia, y eso no se paga con nada... ¡No me puedo quejar!

EN MADRID, CUATRO MESES DE INVIERNO Y OCHO DE INFIERNO

Este refrán quiere reflejar, exagerando un poco, lo extremado que es el clima madrileño, pues del frío invernal salta bruscamente al seco y enorme calor del verano. Apenas hay quince días de primavera y otros tantos de otoño.

Pero Nuria no está muy de acuerdo con este refrán.

—Eso sería en los tiempos de Maricastaña —dice—, porque a mí me han enseñado en el cole que ahora en Madrid hace menos frío y menos calor que antes.

DE ALIMENTOS Y COSAS

EL COMER NO ADMITE ESPERA; EL PAGAR, LA QUE SE QUIERA

César llega a casa hambriento y pide la comida con urgencia. Como aún no está lista, protesta y se enfada.

Horas después, su primo le exige el pago de mil pesetas. Porque hace ya dos meses que se las prestó.

—¿Y qué son dos meses? —responde César—. ¡Ten paciencia!

Para las cosas propias, sobre todo si se trata de contentar al estómago, tenemos mucha prisa; mas para atender a la necesidad ajena, especialmente si hay que pagar, no tenemos ninguna.

EN LA MESA Y EN EL JUEGO SE CONOCE AL CABALLERO

Durante la comida, Marta observa con atención los finos modales de don Alberto, un amigo del abuelo.

Luego, cuando juegan a las cartas, ella ve que don Alberto acepta la derrota sin rechistar.

—Sin duda es un caballero —piensa la joven.

Y tiene razón. Tradicionalmente se ha dicho que la nobleza y educación de un caballero destacan de forma especial en la mesa y en el juego.

CON HAMBRE NO HAY PAN DURO

Cuando necesitamos algo de verdad, lo aceptamos tal cual, sin andarnos con remilgos.

El príncipe Baldovino era muy tiquismiquis, sobre todo con la comida. «No me gusta esto, no me gusta aquello, qué mal sabe lo otro...»

Pero tras un naufragio y veinte días a la deriva en el mar, quería comerse hasta la madera de su maltrecho bote. (Los cordones de las botas se los había comido la primera semana).

PAN PARA HOY, HAMBRE PARA MAÑANA

A veces, el arreglo o el remedio que se da a un problema es pasajero. Porque no es una verdadera solución.

A orillas del gran río Amarillo, Ping, un pobre niño chino, mendigo y huérfano, pide algo de comer a un pescador.

Este, compadecido, le regala un pez bastante grande, que matará las hambres del pequeño durante un día o dos.

Menos da una piedra; pero habría hecho mejor el hombre enseñándole a pescar al pequeño.

AGUA QUE NO HAS DE BEBER, DÉJALA CORRER

Esto significa que no es aconsejable meterse en «camisa de once varas», es decir, en asuntos que no nos conciernen.

Dos hermanas discuten en su jardín sobre si deben asistir a la fiesta de Marieta. Elena, la vecina, lo está escuchando todo y se muere de ganas de intervenir. Y al fin lo hace.

—Yo que vosotras no iría a esa fiesta —dice al fin.

—No nos interesa tu opinión, so cotilla —le responden.

Elena se quedó cortadísima. Y un poco escarmentada.

A NADIE LE AMARGA UN DULCE

Cualquier ventaja que nos ofrezcan, por pequeña que sea, viene bien siempre.

Sátur y sus amigos se están haciendo una cabaña con troncos y ramas en un rincón del bosque. Trabajan duro. Hace un calor de espanto. Están deseando acabar.

En esto se les acerca un chico que desea colaborar. No parece Tarzán ni Rambo, pero lo aceptan.

—A nadie le amarga un dulce —se dice Sátur—. Terminaremos antes.

CONTIGO, PAN Y CEBOLLA

Eso dicen a su pareja los que están dispuestos a casarse sólo por amor, sin tener en cuenta otras consideraciones de tipo económico, laboral, social, etc.

Es el caso de Bibí, romántica perdida. Aunque no le apasionan las cebollas y prefiere el jamón al pan, no deja de repetir este tierno refrán a «su Pascual». Piensa Bibí que, cuando hay amor, todas las dificultades se superan, o al menos se soportan.

—Veremos si dentro de dos años piensas igual —rezonga su padre.

NUNCA DIGAS: DE ESTA AGUA NO BEBERÉ

Porque es humano cambiar de parecer. Y lo que hoy rechazamos tal vez mañana nos guste.

A Ricardo, por ejemplo, le caía fatal Lara, una chica de su clase. Sin embargo, su abuelo le dijo que, con el tiempo, se haría amigo de ella.

—¡Jamás! —aseguró el niño.

Unos meses después, el abuelo les vio salir juntos.

—¿Qué te dije, pillín? —Y el abuelo sonrió a su nieto.

A FALTA DE PAN, BUENAS SON TORTAS

Este refrán viene a decir que más vale conformarnos con lo que tenemos, aunque sea modesto, que soñar con ilusiones imposibles y amargarse la vida.

Bien lo sabía Laura, una muchacha pobre pero con una inmensa riqueza interior que le permitía disfrutar de las cosas que no tienen precio: el cariño de la gente, el canto de los pájaros, un bello paisaje, un juego inventado, la música, un cuento maravilloso como el pan, como las tortas.

EL AGUA PARA LOS BUEYES Y EL VINO PARA LOS REYES

Esto dicen aquellos a quienes les gusta mucho el vino, entre los que se cuenta el alegre don Cleto.

Pero un día, durante una excursión, don Cleto se perdió en un lugar muy árido, parecido a un desierto. Hacía un calor sofocante, y don Cleto pasó una sed tremenda. Cuando por fin dio con un fresco manantial...

—¡Ah, qué rica! —dijo, bebiendo con avidez—. No hay nada como el agua. ¡Nada! ¡Ni siquiera el vino!

EN CASA DEL HERRERO, CUCHARA DE PALO

Precisamente donde en buena lógica sería fácil obtener una cosa, ésta suele faltar. Y entonces, se dice este divertido refrán.

Es como cuando quieres cambiar moneda en un banco y no les queda cambio. O como cuando llamas a la Telefónica y comunica. O como cuando te enteras de que un prestigioso médico acude a un curandero, o que en la casa de uno de los mejores novelistas del país no hay ni un solo libro...

POCO A POCO HILA LA VIEJA EL COPO

Esto significa que con paciencia y esfuerzo podemos alcanzar nuestros propósitos.«Despacito y buena letra», que decía el poeta Antonio Machado.

Aquella colonia de castores era muy numerosa y necesitaba muchísima agua. Por eso se pusieron todos a construir una presa. Les llevaría bastante tiempo, pero...

—Lo importante es hacerla bien, aunque sea despacio —dijo el Castor Jefe—. Porque lo que mal empieza, mal acaba.

NO TIRES PIEDRAS SOBRE TU PROPIO TEJADO

Este refrán aconseja comportarnos de forma que no nos perjudiquemos a nosotros mismos por tonterías.

Hoy toca examen final de Matemáticas. A pesar de las advertencias del profesor, Sabino Pitagorino pasa su brillante ejercicio a media clase. El profe se da cuenta y pone un suspenso colectivo.

—¡Qué tonto soy! —se lamenta Sabino— ¡Tenía el «sobre» asegurado! ¡Y por mi culpa han suspendido todos!

A RÍO REVUELTO, GANANCIA DE PESCADORES

Cuando reina el caos, muchas personas ingenuas pueden ser víctimas de los aprovechados, que siempre están dispuestos a sacar tajada a toda costa.

En un pueblo, tras un terremoto, corrió la voz de que los alimentos escaseaban y pronto sobrevendría el hambre. La gente corrió a la tienda y lo compró todo... ¡al doble de su precio!

Luego se supo que el rumor era falso. Pero el tendero ya se había forrado.

ERES MAS LARGO QUE UN DIA SIN PAN

Un día en ayunas, sin nada que llevarse a la boca, ni siquiera un mísero trozo de pan, se hace largo, larguísimo, interminable.

Así, pues, exageran un poco quienes se encuentran a un chico como Arturito y le sueltan este refrán.

Porque Arturito es largo, pero tampoco es para tanto. Total, la pobre criatura «sólo» mide dos metros y quince centímetros, juega en un equipo de baloncesto, y cuando mira hacia el suelo, algunas veces, le da vértigo.

CUANDO EL RÍO SUENA, AGUA LLEVA

Significa este refrán que hay algo de cierto en todos los rumores y habladurías.

En Villablanca de Abajo, por ejemplo, critican mucho a Manolo, «el Gamba», que es un matador de toros natural de ese pueblo.

—Podría ser un fenómeno y llegar lejos, pero se entrena poco.

Y, la verdad, el tal Manolo se pega la vida padre, y parece que quiere torear por correspondencia.

Cuando el río suena... Algo de eso hay.

CONSEJOS Y SENTENCIAS.

CONSEJOS VENDO
Y PARA MÍ NO TENGO

Nos encanta decir a los demás lo que tienen que hacer, pero luego no somos capaces de hacerlo nosotros mismos.

Nos pasa un poco como a tío Luis, que no predica con el ejemplo, aunque sus consejos sean de lo más acertados.

—No fuméis nunca, chicos —advierte a sus sobrinos—, que el tabaco es puro veneno.

Pero lo dice mientras se enciende un pitillo. Tío Luis fuma todo lo que le da tiempo. Consejos tiene, pero él no los sigue.

OBRAS SON AMORES Y NO BUENAS RAZONES

Las palabras bonitas, por sí solas, no demuestran el cariño. El cariño se demuestra con hechos.

El Oso Poeta recitaba apasionados versos de amor —un poco cursis, dicho sea de paso— a la Osa Gorgorina, de la que, según decía, estaba perdidamente enamorado. Pero ella no le creía.

—Si tanto me quieres, Oso Poeta, menos versitos y más invitarme a miel y escuchar mis penas y venir a verme aunque granice —le dijo un día Gorgorina—. Obras son amores.

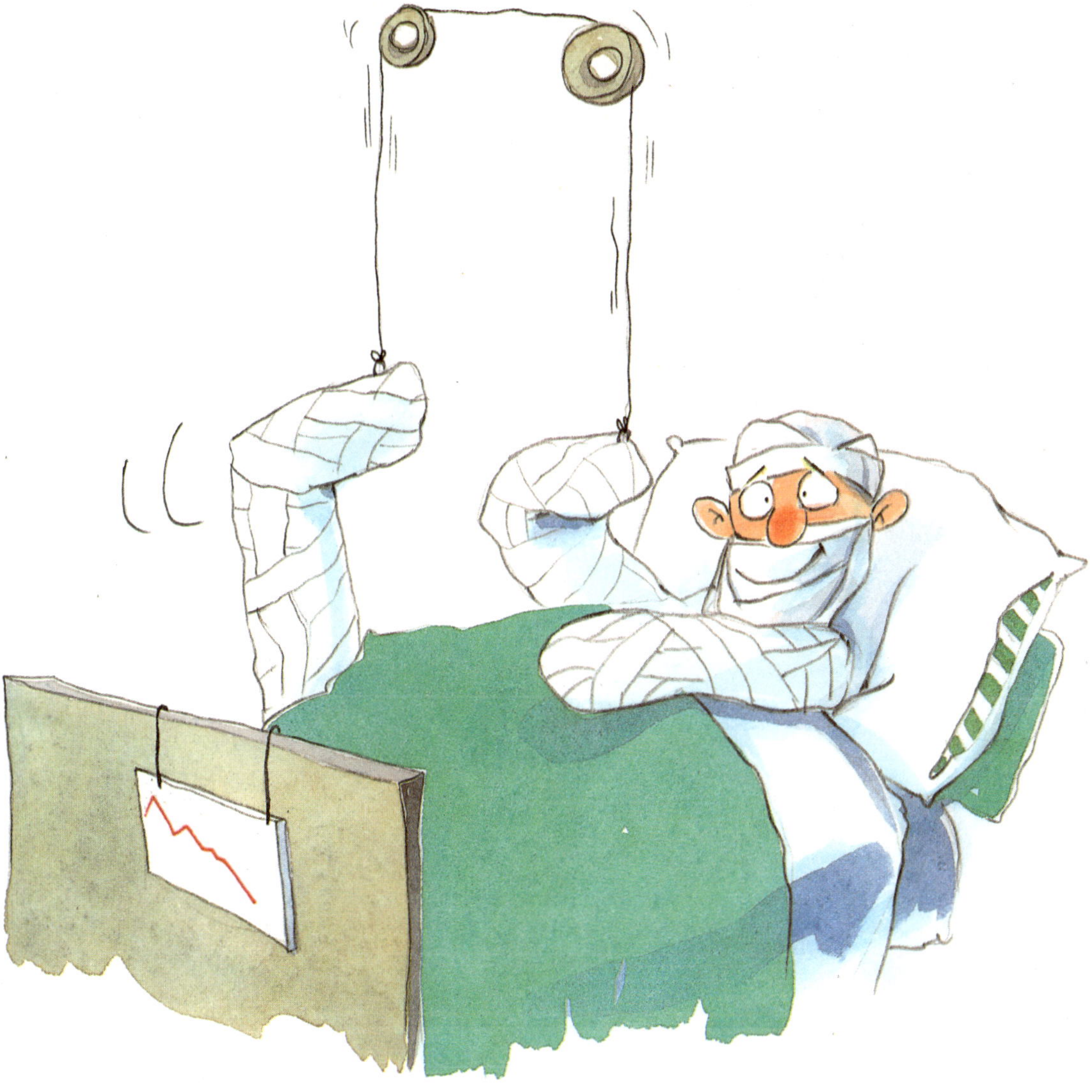

NO HAY MAL QUE POR BIEN NO VENGA

Es un refrán especialmente inventado para pesimistas crónicos. Indica que todo suceso desdichado podría ser aún peor; y que hasta los hechos más desastrosos tienen su parte positiva.

Al pequeño Florián le pilló un coche y tuvieron que hospitalizarle. Allí se hizo amigo de la enfermera, y dio la casualidad de que conocía a un tío suyo de América.

—¡Qué bien! —exclamó Florián—. Mi familia le había perdido la pista al tío. Si no me llega a pillar el coche, no damos con él.

QUIEN MAL ANDA, MAL ACABA

Ciertamente, el que vive descarriado suele tener un triste fin.

Como el Zorro Benito, alérgico a trabajar y muy amigo de lo ajeno, tanto, que prefería robar comida o mendigar antes que mover un dedo trabajando.

Un día el Zorro Cipriano, sheriff de la comarca, le detuvo por vago y maleante y le encarceló. Muy felices se las prometía en chirona Benito con la sopa boba y a la sombra... No contaba con los trabajos forzados.

EL QUE MUCHO ABARCA POCO APRIETA

Quien emprende muchos negocios al mismo tiempo, no suele llevar bien ninguno.

Nicolás ha decidido asistir a un curso de inglés y a otro de tailandés los días impares. Los pares, se ha apuntado a uno de patinaje, y a otro de guitarra, y a otro de judo... Y los fines de semana sigue por correspondencia más cursos: de detective privado, y de vendedor de perfumes australianos.

Tristemente, en verano sólo sigue uno: de recuperación de 7°EGB.

AFORTUNADO EN EL JUEGO, DESGRACIADO EN AMORES

El capitán Gárfiez, viejo lobo de mar, era conocido en medio mundo por ganar siempre a los dados.

—¡Otra vez un doble seis! ¡Menuda suerte! —exclamó Jeremías.

—Pues, ya ves, Jeremías, me cambiaría por ti.

El capitán lo decía porque Jeremías tenía una mujer muy buena y muy guapa. A él, sin embargo, todas le daban calabazas.

Muchas veces la fortuna y el amor no hacen buenas migas.

NO ES LO MISMO LLAMAR QUE SALIR A ABRIR

Siempre estamos más dispuestos a pedir favores que a concederlos.

Todos los días, Ester Gorrónez pide algo a sus compañeras de clase: dinero para regaliz, unos apuntes, un rotulador... Pero cuando le piden algo a ella, siempre tiene preparada una disculpa.

—¿Que si podéis venir a casa a jugar con mi superordenador y a escuchar música en mi supercompacto? Lo siento, chicas, me encantaría, pero son aparatos superdelicados...

LA LETRA CON SANGRE ENTRA

Realmente, se trata de un refrán la mar de antipático y anticuado, porque recomienda el castigo como eficaz método de enseñanza. Pero a veces da resultado.

Don Gaspar, profesor de Naturales, es muy partidario de este refrán. Don Gaspar no pega a sus alumnos, pero cuando ve que en el laboratorio de Ciencias nadie le hace ni caso, grita:

—¡Magnífico, repetiréis el experimento en el recreo, y mañana, examen de desarrollo!

TANTO TIENES, TANTO VALES

Por desgracia, muchas veces se estima a la gente por lo que tiene, no por lo que es.

Todos se inclinaban hasta casi tocar el suelo al paso del carruaje del Señor de la Corte, y, un trecho más allá, miraban con desprecio a aquel desastrado vagabundo que olía a rayos.

Todos..., menos la doncella Liselda, que sabía leer en el corazón de las personas. Y por eso Liselda convirtió al vagabundo en su príncipe azul, como en los cuentos.

HAY QUE ESTAR A LAS DURAS Y A LAS MADURAS

El que disfruta del lado bueno de las cosas, también debe soportar su lado malo.

En casa de los Ramírez el almuerzo ha sido magnífico, porque era el santo de la madre. Han comido angulas, solomillo y tarta de manzana. Pero ahora, entre todos, deben quitar la mesa, barrer y ordenar el salón, fregar los cacharros, etc.

—¡Pues vaya plan! —protesta Roberto, el hijo pequeño.

Peor sería estar a las duras y a las más duras, ¿no?

DOS NO RIÑEN SI UNO NO QUIERE

Natalia está hoy de mal humor y quiere desahogar su ira con Juan Carlos, uno de sus mejores amigos.

—¿Por qué me miras con esa cara de bobo?

—Por nada —responde él tranquilamente.

—¿Por nada? Entonces, eres tonto.

—Sí, soy completamente estúpido —contesta Juan Carlos.

Con gente así no se puede discutir. Natalia renuncia. Al menos, por hoy. Además, ya se le ha pasado el enfado.

EN 13 Y MARTES, NI TE CASES NI TE EMBARQUES

Muchísima gente está absolutamente convencida de que el número 13 y el martes, unidos, traen terribles desgracias. Es una gran superstición sin ningún fundamento, pero muy arraigada en algunas personas.

Y como, a poco que pensemos, cualquier día suceden bastantes cosas buenas y malas, los partidarios de este refrán siempre tendrán algún argumento para justificar la «mala suerte» del martes y 13. Bueno, a otros les da por huir de los gatos negros...

MAL DE MUCHOS, CONSUELO DE TONTOS

Según este refrán, es de idiotas soportar mejor una desgracia sólo porque afecte a numerosas personas.

Gumersindo se ha puesto muy contento porque estaba castigado sin recreo toda la semana por una trastada que no es del caso, y don Agapito, por una gamberrada mayor, ha decidido que acompañen a Gumersindo otros diez compañeros de la clase, entre ellos alguno que era inocente. Según el refrán, Gumersindo es tonto.

Algunos prefieren decir: Mal de muchos, epidemia.

MÁS VALE LO MALO CONOCIDO QUE LO BUENO POR CONOCER

Sobre todo porque lo «bueno por conocer» a lo peor resulta que no es tan bueno como pensábamos.

En lugar de su fiel y achacoso perro guardián, que se quedaba dormido casi todos los días, Gonzalo el vigilante compró otro chucho superdesconfiado que no se dormía nunca. Sin embargo, resultó un desastre, porque ladraba continuamente aunque no vinieran ladrones. De forma que, pasado un mes, Gonzalo tenía más sueño que su antiguo perro, el dormilón.

DICHOS

NO ESTÁ EL HORNO PARA BOLLOS

No es oportuno hacer una cosa en este momento.

Marisol iba a pedir 1000 pesetas a sus padres, que precisamente acababan de hablar de lo mal que estaban de dinero.

—No está el horno para bollos —le advirtió su hermano.

PREGUNTANDO SE VA A ROMA

Esto quiere decir que preguntado se llega a todas partes, por muy difícil que parezca localizar un lugar remoto y complicado. Eso sí, a veces hay que preguntar varias veces, en una labor de aproximación al objetivo.

TIENE MÁS VIDAS QUE UN GATO

Se comenta del afortunado que se salva no se sabe cómo de grandes y numerosos peligros.

Como Iñaki Chirípez, piloto de fórmula 1. Ha sufrido gravísimos accidentes con su coche. Pero sigue compitiendo.

PEDIR PERAS AL OLMO

Equivale a pretender lo imposible.

Desde la ventanilla del tren, Pepito miraba la Luna.

—Papá —dijo—, llévame ahora mismo hasta allí.

—Pepito, eso es como pedir peras al olmo, no puede ser...

ESTAR DE CAPA CAÍDA

Perder categoría o fuerza en algo. O cuando a uno le abandona la suerte. También significa decaer en salud.

Borja, campeón de ciclismo, lleva dos años sin ganar una mísera carrera. Su buena estrella se apaga. Está de capa caída.

HECHA LA LEY, HECHA LA TRAMPA

Este dicho denuncia las leyes que se hacen en beneficio de los aprovechados que sabrán eludirla, y no en el de toda la sociedad.

Don Cristóbal cometió un delito. Pero como tiene dinero y buenos abogados, se ha librado de la cárcel...

TENGAMOS LA FIESTA EN PAZ

Uno dice esto cuando no quiere discutir ni pelearse.

Ricky «el Narizotas», un famoso boxeador de los pesos pesados, provocaba a Ted «Puños de Acero» en la barra de una tasca.

—Tengamos la fiesta en paz, Narizotas —le calmaba Ted.

ESO Y NADA TODO ES NADA

Se refiere al escaso valor que se concede a algunas cosas.

El paje Cebollino ofreció a la princesa Grimelda su humilde regalo: un collar multicolor de plastilina. Pero ella lo despreció, muy orgullosa, soltándole a Cebollino este dicho

TOMAR LAS DE VILLADIEGO

Irse de repente, inesperadamente, para huir de algún riesgo o compromiso.

Durante las fiestas del pueblo buscaron a Juanín, para que torease a la vaquilla. Pero él había tomado las de Villadiego.

EN EL PECADO LLEVA LA PENITENCIA

Dicen tal cosa cuando la propia falta o la mala acción hace sufrir al que la comete.

Lucas robó montones de cerezas de un huerto y el muy bruto se las comió todas. Le dio un cólico de campeonato. Bien empleado.

HAY MÁS DÍAS QUE LONGANIZAS

Con esto se indica que no hay que ponerse demasiado nervioso con las cosas que corren prisa.

Ginés, pintor, no acababa nunca un retrato, y se impacientaba.

—Calma, que hay más días que longanizas —le consolaban.

LLUEVE SOBRE MOJADO

Se dice cuando nos suceden varias desgracias seguidas, y llega un momento en que los males recientes apenas nos afectan.

Tórpez, que salta con pértiga, reaparece hoy tras su cuarta lesión del año. ¡Y vuelve a lesionarse! Llueve sobre mojado...

BUSCAR CAMORRA

Buscar pelea, provocar a la gente.

Toño, el «cachas» de la clase, cortó el paso a Luis, el empollón de la clase, y le insultaba y empujaba.

—Tú siempre buscando camorra...Eres un matón —se quejó Luis.

CONOCER EL PAÑO

Conocer bien la persona o cosa de que se trata.

Don Martín, el farero de la isla, llevaba más de cuarenta años en el oficio. Gracias a su experiencia, evitó que un petrolero embarrancase en la Costa de la Muerte.

A BUENAS HORAS, MANGAS VERDES

Expresión que se dice cuando algo llega demasiado tarde.

Darío recibe carta del primo Sebas. En ella, le invita a su Primera Comunión. Pero la carta llega dos meses después de la celebración... ¡A buenas horas, mangas verdes!

PASAR UNA NOCHE TOLEDANA

Pasar una noche «de perros», sin poder conciliar el sueño.

Mario había tenido un día bastante duro y se acostó muy cansado. Mas, por alguna razón, no logró pegar ojo.

—¡Vaya noche toledana! —gimió al sonar el despertador.

AL PAN, PAN, Y AL VINO, VINO

Es una invitación a ser sincero y claro.

Piluca tenía nerviosos a sus compañeros por su falta de sencillez a la hora de hablar. No la entendían. Le dijeron:

—Venga, déjate de rodeos y cuéntanos la verdad sin adornos.

PAGÓ EL PATO

Cargó con un castigo inmerecido.

Lázaro Linares, un gran lanzador de martillo, fue eliminado de la competición por unos jueces que no tenían ni idea.

—¡Ha sido un lanzamiento reglamentario! —protestó.

YO SÉ BIEN DE QUÉ PIE COJEA

Así habla el que dice conocer los defectos ocultos de alguien.

Julián parece un chico simpático y amable. Pero Emma desconfía de él. ¿Acaso sabe de qué pie cojea? ¿Sabe Emma que Julián, cuando está a solas, bebe vino con frecuencia?

ECHARLE A UNO EL GUANTE

Atraparle, cogerle, agarrarle, detenerle, pillarle.

Ben Lacy, el famoso detective, siguió la pista pacientemente al «Ladrón de Dublín» durante meses a través de medio mundo. Hasta que le tendió una trampa y consiguió echarle el guante.

ECHAR PESTES

Lanzar críticas airadas.

Don Sinesio cenaba en un restaurante. De pronto, se puso que echaba pestes. Gritó enfadadísimo:

—¡Este filete de ternera parece filete de dinosaurio!

NO TIENE PIES NI CABEZA

Se refiere a cuando hacemos algo absurdo, sin sentido. Por ejemplo, lo que dice Maribel a su amiga Susana:

—He tirado por la ventana el jarrón chino del salón. Era muy viejo, lo menos del siglo V, y no hacía juego con la lámpara...

SER UN CUCO

Significa ser astuto, saber aprovechar las circunstancias.

Todos los chicos de la panda se asombraban de Roger, porque se las ingeniaba para sacar buenas notas, ganar al fútbol, caer bien a todos, estar en las broncas y no ser castigado. Era un cuco.

PAGAR JUSTOS POR PECADORES

Sucede algunas veces que unos sufren las consecuencias de las malas artes de otros. O sea, que pagan justos por pecadores.

Por culpa de Claudia y sus amigas, cotorras profesionales, la señorita ha castigado sin recreo a toda la clase.

TODO VA MANGA POR HOMBRO

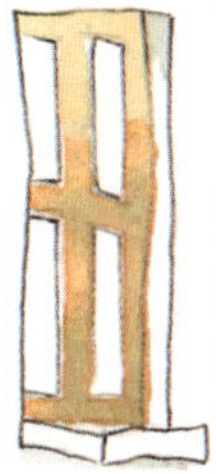

Todo va de cualquier manera, reina el desorden.
Lauro, el escultor, tiene su estudio que parece el Rastro después de un terremoto. Lauro es caótico, nunca encuentra las herramientas, no sabe en qué día vive, se le olvida hasta comer.

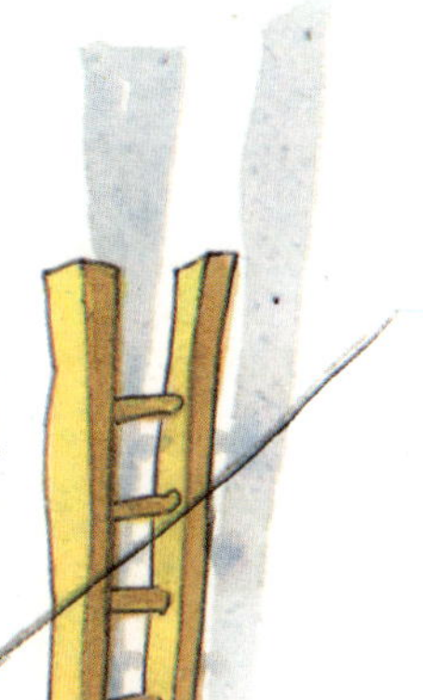

QUEDARSE A LA LUNA DE VALENCIA

Quedar burlado o engañado.

Mucha gente sacó el número premiado en la tómbola del día de los Inocentes, y creían que iban a recibir un super regalo... Pero el premio era una botella de agua, vacía, con devolución de casco.

CON SU PAN SE LO COMA

Así expresa uno su indiferencia por lo que haga o deje de hacer otra persona.

—Ernesto, tu amiga Sonia se ha llevado tu libro de «mates».

—Con su pan se lo coma —responde Ernesto sin inmutarse.

IRSE POR LOS CERROS DE UBEDA

Salirse por la tangente. Eludir —casi siempre a propósito— las preguntas comprometidas. Irse por las ramas.

—¿Qué tal el examen, Goyito? —preguntó el padre de Goyito.

—Estooo..., el lunes nos llevan a ver un obra de teatro.

ESTAR HECHO UN BRAZO DE MAR

Vestirse y arreglarse con mucho lujo y esmero.

Frascuelín, «er Niño der Espejo», gran «bailaor», parecía que iba de boda cada vez que actuaba. De hecho dedicaba tantas horas a «ponerse guapo» como a bailar. De ahí venía su apodo.

CORREVEIDILE

Así se llama a las personas chismosas, esas que siempre están anunciando rumores y propalando cotilleos y habladurías.

Genara, la correveidile oficial de la clase, ha dicho a Lucas que Maripuri le contó que Cristina miró de reojo a Sebastián.

MEQUETREFE

Persona entrometida, de poca importancia y escaso juicio.
La familia Galíndez no quería ver a Luisón, un primo lejanísimo, ni en pintura. Porque la verdad es que era un pelma y siempre «decía tonterías», pero Luisón seguía apareciendo en todas las fiestas.

CAMPECHANO

Persona sencilla, familiar y simpática, que ni mira ni mide la categoría social de los demás; trata a todos igual... de bien.
Eulogio, hombre campechano, palmeó con toda confianza la espalda del ministro que visitó el pueblo, y le contó un chiste.

TODO SE ANDARÁ

Viene a decir este Dicho que cada cosa sucederá a su tiempo.

Fede, de ocho años, quiere hacerse mayor lo antes posible.

—¿Cuándo va a salirme barba, mamá? —pregunta.

—Todo se andará —responde ella, sonriendo divertida.

METERSE DONDE NO LE LLAMAN

Se dice de esas personas que siempre quieren estar enteradas de todo y dan su opinión, con motivo y sin él.

A doña Laurentina le encantaba fisgar en las vidas de los demás. Y por eso se ganó a pulso el título de cotilla del barrio.

POR EL HILO SE SACA EL OVILLO

Por los pequeños detalles de las personas o las cosas puede llegar a conocerse lo fundamental de las mismas.

Como le sucedió a Agata viendo una película de misterio. En seguida descubrió quién era el asesino.(Era el mayordomo, claro).

ESTAR A PARTIR UN PIÑÓN

Significa que hay mucha amistad y entendimiento entre dos o más personas.

Había dos hermanas que se llevaban de miedo. La gente decía:

—Pili y Mili siempre están a partir un piñón. Jamás discuten.

COMO PEDRO POR SU CASA

Comportarse con absoluta confianza en lugar ajeno.

Raúl entró en el piso de su vecina y la saludó cortésmente. Después, cogió un refresco de la nevera y se tumbó en la alfombra con un libro que pilló en una estantería.

IR POR LANA Y VOLVER TRASQUILADO

Esto se dice cuando alguien, normalmente con malas artes, intenta aprovecharse de otro, y sin embargo sale perdiendo.

El abusón de la clase fue a meterse con Manolín, un chico delgaducho. Pero Manolín había aprendido judo y le sacudió.

PONERLE EL CASCABEL AL GATO

Ser el primero en abordar una tarea difícil o en plantear un problema delicado.

Jorge se decidió a romper el tenso silencio de la clase:

—Aquí hay un chivato. Tenemos que descubrirlo.

NO TENER PELOS EN LA LENGUA

Decir claramente, sin contemplaciones, lo que uno piensa.

Aquella rueda de prensa había llegado a un punto polémico. La periodista Begoña, en vez de cortarse como los demás, dijo:

—Con todos los respetos, señor Ministro, vd. no tiene ni idea.

MI GOZO EN UN POZO

Imaginarse grandes bienes que al final se echan a perder.

—Me habían preseleccionado para el equipo de natación que irá a la Olimpiada, pero a la hora de la verdad me he quedado con las ganas —comentó Susana, decepcionada—. ¡Mi gozo en un pozo!

HABLO EL BUEY Y DIJO MU

Se dice esto cuando alguien que no suele abrir el pico para nada suelta una tontería sin venir a cuento.

Richi, un niño muy callado y algo extravagante, dijo de pronto: —He descubierto que las chicas son más idiotas que los chicos.

De animales 7
De personas 25
Del tiempo 43
De alimentos y cosas 61
Consejos y Sentencias 79
Dichos 95

ÍNDICE ALFABÉTICO

A buenas horas, mangas verdes 104
A caballo regalado no le mires el diente 12
A falta de pan, buenas son tortas 71
A la vejez, viruelas 58
A mal tiempo, buena cara 45
A nadie le amarga un dulce 68
A otro perro con ese hueso 22
A palabras necias, oídos sordos 30
A rey muerto, rey puesto 32
A río revuelto, ganancia de pescadores 76
Afortunado en el juego, desgraciado en amores 86
Agua por San Juan, quita el vino y no da pan 56
Agua que no has de beber, déjala correr 67
Al pan, pan, y al vino, vino 105
Al que madruga, Dios le ayuda 42
Ande o no ande, burro grande 18
Ande yo caliente y ríase la gente 29
Año de nieves, año de bienes 49
Aprendiz de todo y oficial de nada 34

Buscar camorra 103

Cacarear y no poner huevo no es nada bueno 21
Cada loco con su tema 27
Cada maestrillo tiene su librillo 40
Campechano 113
Cielo empedrado, viento o suelo mojado 54
Como el burro, tocaste la flauta por casualidad 14
Como el perro del hortelano, ni come ni deja comer al amo 17
Como Pedro por su casa 116
Con hambre no hay pan duro 65
Con su pan se lo coma 110
Conocer el paño 104
Consejos vendo, y para mí no tengo 81
Contigo, pan y cebolla 69
Correveidile 112
Cree el ladrón que todos son de su condición 34
Cualquier tiempo pasado fue mejor 47
Cuando el gato está ausente, los ratones se divierten 20
Cuando el río suena, agua lleva 78
Cuando las barbas de tu vecino veas pelar... . 37
Cuando vienen las golondrinas, el verano está encima 51
Cuanto más escarba la gallina, más tierra echa encima 16

Del viejo, el consejo 48
Dicen que es malo llegar a viejo... 59
Dime con quién andas y te diré quién eres ... 39
Dime de lo que presumes y te diré de lo que careces 31
Donde menos se espera, salta la liebre 13
Dos no riñen si uno no quiere 91

Echar pestes 107
Echarle a uno el guante 106
El agua para los bueyes y el vino para los reyes 72
El borriquito delante para que no se espante . 22
El comer no admite espera, el pagar la que se quiera 63
El ojo del amo engorda al caballo 19
El que calla, otorga 33
El que mucho abarca, poco aprieta 85
El que mucho habla, mucho yerra 35
El tiempo todo lo cura 57
En abril, aguas mil 52
En casa del herrero, cuchara de palo 73
En el país de los ciegos, el tuerto es el rey ... 36
En el pecado lleva la penitencia 102
En la mesa y en el juego se conoce al caballero 64
En Madrid, cuatro meses de invierno y ocho de infierno 60
En trece y martes, ni te cases ni te embarques 92
Eres más largo que un día sin pan 77
Eso y nada, todo es nada 101
Esperando, como el agua de mayo 53
Estar a partir un piñón 115
Estar de capa caída 99
Estar hecho un brazo de mar 111

Fue peor el remedio que la enfermedad 38

Gato escaldado, del agua fría huye 23

Habló el buey y dijo mu 119
Hasta el 40 de mayo no te quites el sayo 55
Hay más días que longanizas 102
Hay que estar a las duras y a las maduras ... 90
Hecha la ley, hecha la trampa 100

Ir por lana y volver trasquilado 116
Irse por los cerros de Úbeda 111

La letra con sangre entra 88

Llueve sobre mojado 103

Mal de muchos, consuelo de tontos 93
Marzo ventoso y abril lluvioso 50
Más vale pájaro en mano que ciento volando 11
Mequetrefe 113
Meterse donde no le llaman 114
Mi gozo en un pozo 118
Muerto el perro, se acabó la rabia 10

Nadie es profeta en su tierra 33
No es lo mismo llamar que salir a abrir 87
No está el horno para bollos 97
No hay mal que cien años dure............... 46
No hay mal que por bien no venga 118
No tener pelos en la lengua 118
No tiene pies ni cabeza 107
No tires piedras sobre tu propio tejado 75
Nunca digas de esta agua no beberé 70
Obras son amores y no buenas reazones 82
Ojos que no ven, corazón que no siente 41
Oveja que bala pierde bocado 24

Pagar justos por pecadores................. 108
Pagar el pato 105
Pan para hoy, hambre para mañana 66
Pasar una noche toledana 104
Pedir peras al olmo 99
Perro ladrador, poco mordedor 9
Poco a poco hila la vieja el copo 74
Ponerle el cascabel al gato 117
Por el hilo se saca el ovillo................. 115
Preguntando se va a Roma................. 98

Quedarse a la luna de Valencia 110
Quien bien te quiere te hará llorar 28
Quien mal anda, mal acaba 84

Sabe más el diablo por viejo que por diablo.. 58
Ser un cuco 108
Si eres oveja te comen los lobos 16
Si hay trato, pueden ser amigos el perro y el gato 15

Tanto tienes, tanto vales 89
Tengamos la fiesta en paz.................. 100
Tiene más vidas que un gato 98
Todo se andará 114
Todo va manga por hombro 109
Tomar las de Villadiego 101

Yo se bien de qué pie cojea 106

FiN

125 REFRANES infantiles

susaeta ediciones s.a.